Glitzerbaum

Eine Mitmach - Geschichte zu Seiner Ehre

von Corinne Badenhorst

Glitzerbaum

Für ein Exemplar von Glitzerbaum - kontaktiere bitte Corinne unter 0836605412 oder avontconnect@gmail.com

Geschichte und Illustration von Corinne Badenhorst.
Veröffentlicht von Seraph Creative im Jahr 2024.

Übersetzt von Anne Reising

Publiziert von

Seraph Creative

Heaven's Heart for Earth

Eine Mitmach - Geschichte zu Seiner Ehre

Diese Allegorie basiert auf einer Gebetserhörung. Ein Bild vom Himmel, das Gott in mein Herz gelegt hat. Glitzer hat etwas Magisches an sich – genauso wie das Reich Gottes. Glitzer ähnelt den Wegen und Früchten Gottes. Es ist „Glitzer", dass Himmel und Erde sich eng aneinanderschmiegen und als Licht zusammenkommen, als eine mächtige und zugleich sanfte Kraft.

Eine Allegorie, die unsere Perspektive verändern und uns dabei helfen soll, Lebenskonflikte und das Verhalten anderer Menschen nicht einfach in unsere Identität zu integrieren, sondern uns auf unseren „magischen Standard" in uns zu besinnen.

Diese Geschichte zielt darauf ab, im Herzen jedes einzelnen Lesers einen Samen der Widerstandskraft zu pflanzen - damit sich unser Fokus von der Außenwelt auf die Größe im Inneren verlagern kann.

Corinne Badenhorst

B. Ergotherapie 2001

Vor langer, langer, laaanger Zeit,
schon vor Erschaffung
der Welt, ✰✰✰
warst du ein entzückendes
Kunstwerk im Herzen Gottes !

even as
He chose us in Him
before the foundation
of the world Eph 1:4

Er hat dein Geburtsdatum
auf Seinem majestätischen
Zeitkalender markiert.
Alles an dir ist perfekt
abgestimmt.

In den Tiefen deiner DNA,
hat Er eine ganz besondere
Geschichte verborgen, damit
du sie entdecken und zu
Seiner Ehre nutzen kannst!

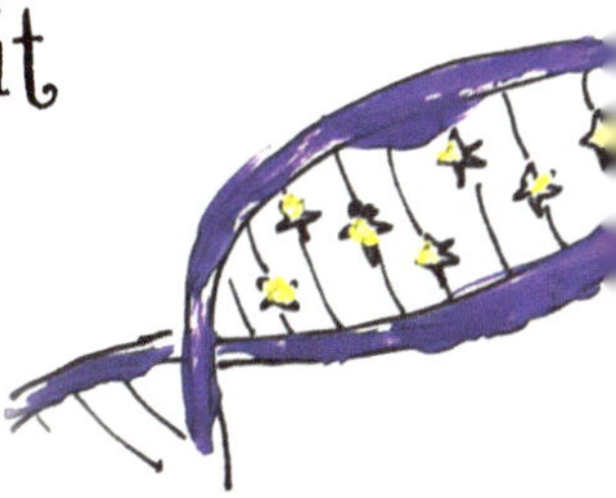

Pläne des
Friedens,
nicht zum
Leid,

eine
Zukunft und
Hoffnung.
Jer 29:11

Hinter einer kleinen Tür
deines Herzens, hat Er einen
wertvollen und raffinierten
himmlischen Schatz verborgen.

Was ist dieser Schatz ?

Ein Glitzerbaum,
der wachsen und wachsen
    und wachsen wird - 999✧
denn das ist genau das, was
ein Baum tut.
Er bringt Himmel und Erde
näher in deinem Herzen
zusammen.

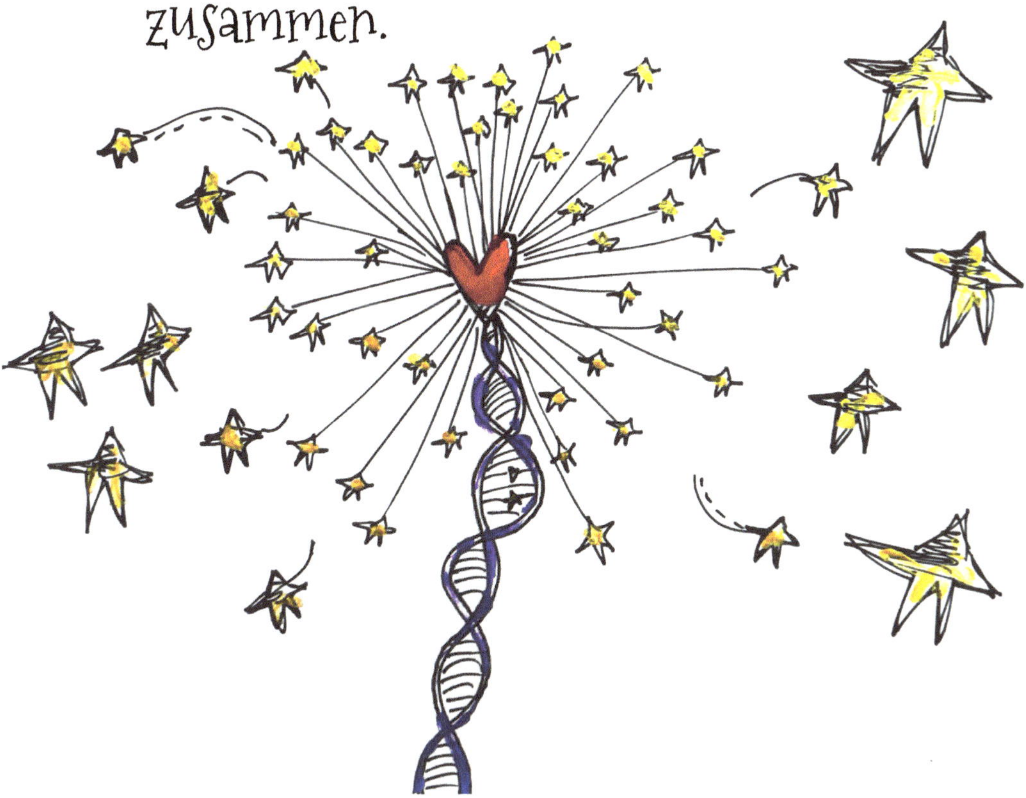

Nun rate mal,
was an deinem
Glitzerbaum wächst.

Glitzer!

Er schimmert und
strahlt mit einem
hell funkelnden Licht;
fast wie kleine
Spiegel vom Himmel.

Er glitzert und strahlt
Stücke vom Himmel in
dein Herz hinein.
Er macht alle Dinge
wunderschön -
genau so, wie Liebe es immer tut.

♡— Glitzer ist leicht wie eine
Feder,
er kann überall zur Ruhe kommen,
wie ein fliegender Ballon.
Er ist heldenhaft:
verzeiht schnell,
ist randvoll mit Liebe gefüllt,
reflektiert die Farben des
Regenbogens,
kitzelt dein Herz mit Freude
und flattert herum wie
1000 Schmetterlinge,
wenn du lächelst!

Der Glitzer in deinem Herzen
wird unaufhörlich funkeln und
niemals verschwinden,
weil er
den Himmel spiegelt
und in dein Herz
scheinen lässt.
Er ist deine Lebensgeschichte,
die verkündet,
dass du, du bist: Du bist -
das beste und einzigartige Du!

Superstar

Aber...

Manchmal könnte ein Freund
sich ein bisschen frustriert und
stachelig fühlen;
er hat wahrscheinlich vergessen
sein Herz zu beschützen.

₉₉₉Und bevor er es merkt,
wachsen ein paar Stacheln.
Sein Glitzerbaum ist nicht
länger frei. ---

„Ich bin wütend!
        Sehr, sehr wütend!",
hörst du vielleicht einen
            Stachel sagen.

Stacheln wachsen schneeell
und leeicht
überall um seinen
Glitzerbaum herum,
und Stacheln stechen -
das ist das, was Stacheln
tun.

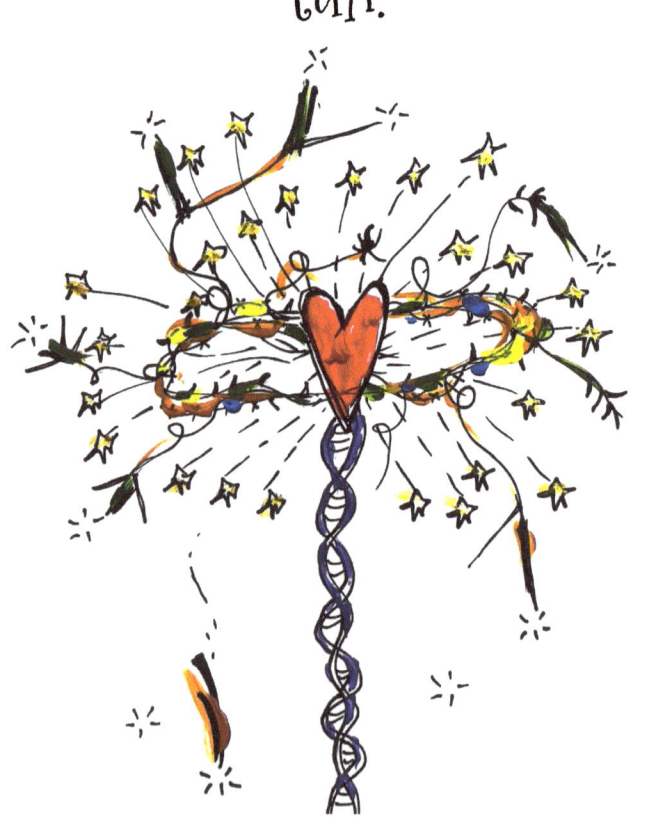

Es ist so schmerzhaft, dass er
aaalles versuchen wird, damit
das stich-stich-stich
stoppt.

...Sogar seinen Freund
kratzen und
verletzen...

Wenn jemand nur
seine Stacheln berührt – ???

Oh weh !

Was für ein
schmerzhaftes
Ereignis.

Die Stacheln stechen, kratzen
und verletzen sein Herz –
dann öffnet sich sein Mund
wie von alleine:

"Geh weg! Ich will nicht
spielen!
Lass mich in Ruhe."

Stacheln stechen wie eine Biene!
Sie verfehlen nie ihr Ziel.
Aber, wenn du dich erinnerst,
was ein ♡ – Stachel macht,
wirst du niemals, niemals
wie ein grummeliger
Miesepeter
oder sein
kratzbürstiger lila Pudel
werden!

Nein, du wirst nur zwinkern
und wissen:
„Ich habe heute einen Stachel berührt.
Gott aber hat mein Herz
stärker gemacht als Goliath –
Schon von Anfang an.”

Denke daran...

Du darfst
über die ♥ - Stacheln
eines Freundes reden
und zu ihm sagen:

♥.

„Hier ist etwas Glitzer für dich
lieber Freund; ich habe einen Stachel
in deinem Herzen gespürt.
Sei mutig, sehr mutig und
zieh ihn schnell raus,
sonst könnte es passieren,
dass du deinen Freund
verlierst."

Dann,
wichtiger als alles andere -
pass gut auf
deinen Glitzerbaum auf;
mehr als auf jeden anderen Schatz
oder dein Lieblingsspielzeug!

So werden
die Geheimnisse deiner
Lebensgeschichte
entdeckt...

Öffne deinen Glitzerbaum und
lass deinem Glitzer freien Lauf.
So kann ein Stück vom Himmel
für dich und für mich
auf die Erde kommen.

Glitzer sind die himmlischen Spiegel deines
Glitzerbaumes. Finde sie! Erkunde und teile sie
– auf diese Weise wird er mehr und mehr und
mehr werden – und sogar wie ein Pflaster auf der
stacheligen Wunde eines Freundes sein.

Dann, lieber Freund...

Dann hast du ein
Superstar-Glitzer-Herz...
Und das ist magisch und smart.

Über Corinne

Corinne ist eine Suchende, die im Herzen
Gottes Tiefe, Wahrheiten und Schätze
entdeckt, eine Frau, eine Mutter und eine
Ergotherapeutin.

avontconnect@gmail.com

083 660 5412

„Schreibe meinen Glitzer auf"

Lass deine Freunde aufschreiben, welchen „Glitzer" sie von dir erhalten haben...

„So lässt du Stücke des Himmels in
ihnen bleiben".

Zeichne deinen Glitzerbaum

Bringe deinen Kindern bei, vom Himmel aus zu
leben! Seraph fühlt sich geehrt, dieses wundervolle,
hochwertige Buch präsentieren zu dürfen, dass die
Kinder von heute daran erinnert, wo sie herkamen, wer
sie sind und was sie als Söhne Gottes tun können.
Das sind die Bücher, die wir selbst gerne als Kinder
gehabt hätten!

Besuche unsere Webseite:
www.seraphcreative.org

www.ingramcontent.com/pod-product-compliance
Lightning Source LLC
Chambersburg PA
CBHW040849120626
46547CB00001B/96